I0811639

Tadpole Books are published by Jump!, 5357 Penn Avenue South, Minneapolis, MN 55419, www.jumplibrary.com

Copyright ©2020 Jump. International copyright reserved in all countries. No part of this book may be reproduced in any form without written permission from the publisher.

Editor: Jenna Trnka **Designer:** Molly Ballanger **Translator:** Annette Granat

Photo Credits: Eugene_Antonov/iStock, cover; Jay Ondreicka/Shutterstock, 1; KenCanning/iStock, 3; Andrey Nekrasov/Getty, 2br, 4–5; Eric Isselee/Shutterstock, 2mr, 2bl, 6–7, 10–11; Alan_Lagadu/iStock, 2tl, 8–9; Toneimage/Dreamstime, 2tr, 12–13; NHPA/SuperStock, 2ml, 14–15; LittleDogKorat/Shutterstock, 16.

Library of Congress Cataloging-in-Publication Data
Names: Gleisner, Jenna Lee, author.
Title: Las colas / por Jenna Lee Gleisner.
Other titles: Tails. Spanish
Description: Minneapolis, MN: Jump!, Inc., (2020) | Series: Las partes de los animales | Includes index. | Audience: Age 3–6.
Identifiers: LCCN 2019000472 (print) | LCCN 2019001840 (ebook) | ISBN 9781641289603 (ebook) | ISBN 9781641289597 (hardcover : alk. paper)
Subjects: LCSH: Tail—Juvenile literature.
Classification: LCC QL950.6 (ebook) | LCC QL950.6 .G5418 2020 (print) | DDC 591.47—dc23
LC record available at https://lccn.loc.gov/2019000472

LAS PARTES DE LOS ANIMALES

LAS COLAS

por Jenna Lee Gleisner

TABLA DE CONTENIDO

tadpole en español

PALABRAS A SABER

anillos

colores

escamas

manchas

mechón

se enrosca

COLAS

¡Veamos colas de animales!

cola

GLOSSAIRE

corpulent (cor-pu-lan) : Les animaux corpulents ont un corps épais et large.

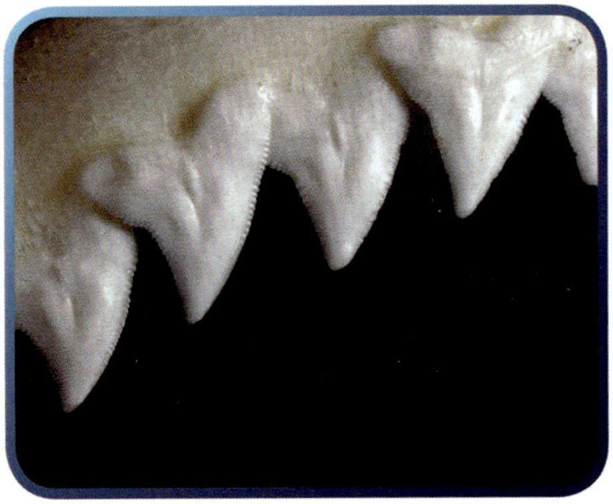

dents (dan) : Les dents sont des organes de la bouche, longs, blancs et osseux, qui sont utilisés pour mordre et mâcher.

eau douce (o douss) : Les rivières et les lacs d'eau douce ne sont pas salés comme les océans.

eau salée (o sa-lé) : L'eau salée est l'eau qui remplit les océans de la Terre.

raies (rè) : Les raies sont des animaux de l'océan qui ont de grandes nageoires souples pour nager et une longue queue fine.

rémoras (ré-mo-ra) : Les rémoras sont des poissons qui nettoient les restes de nourriture collés aux requins.

Index

À propos de l'autrice

Julie K. Lundgren

Julie K. Lundgren a grandi près du lac Supérieur, où elle s'amusait dans les bois, cueillait des baies et enrichissait sa collection de pierres. Ses intérêts l'ont conduite à un diplôme en biologie. Elle vit au Minnesota avec sa famille.

Sites Web

Les sites Web sont en anglais seulement.

https://kids.nationalgeographic.com/animals/fish/bull-shark
https://easyscienceforkids.com/all-about-sharks

CRABTREE Publishing Company

Autrice : Julie K. Lundgren
Conception : Jennifer Dydyk
Révision : Kelli Hicks
Correctrice : Melissa Boyce

Traduction : Annie Evearts
Coordinatrice à l'impression : Katherine Berti

Références photographiques :
Illustration du requin du logo de la couverture : © BATKA/Shutterstock; illustration du grand requin blanc pour « INFO AU DOSSIER » : © Dashikka/Shutterstock; photo de la couverture : © Andrea Izzotti/Shutterstock; page 3 : © Carlos Grillo/ istock; page 5 (haut) : © Divepic/istock, (bas) : © izanbar/istock; page 6 : © Matthew R McClure/Shutterstock; page 7 : © June Jacobsen/istock; page 9 (photo) : © 97420280/Shutterstock, (illustration) : © Bullet_Chained/istock; page 11 (tracteur) : © Valentin Valkov/Shutterstock, (requin) : © Divepic/istock; page 13 : © Leonardo Gonzalez/Shutterstock; page 14 (photo seulement) : © Valerijs Novickis/ Shutterstock; page 15 : © dangarneau/istock; page 17 : © Fiona Ayerst/ Shutterstock; page 19 : © FionaAyerst/istock; page 21 : © June Jacobsen/istock; page 22 (haut) : © Doucefleur/istock, (centre) : © Shahar Shabtai/Shutterstock; page 23 (haut) : © Anastasia Deriy/istock

---

Crabtree Publishing Company
www.crabtreebooks.com 1-800-387-7650

Copyright © 2022 **CRABTREE PUBLISHING COMPANY**

Tous droits réservés. Aucune partie de cette publication ne doit être reproduite ou transmise sous aucune forme ni par aucun moyen, électronique, mécanique, par photocopie, enregistrement ou autrement, ou archivée dans un système de recherche documentaire, sans l'autorisation écrite de Crabtree Publishing Company. Au Canada : Nous reconnaissons l'appui financier du gouvernement du Canada par l'entremise du Fonds du livre du Canada pour nos activités de publication.

Publié aux États-Unis
Crabtree Publishing
347 Fifth Avenue
Suite 1402-145
New York, NY, 10016

Publié au Canada
Crabtree Publishing
616 Welland Ave.
St. Catharines, Ontario
L2M 5V6

Imprimé au Canada/082021/CPC

Catalogage avant publication de Bibliothèque et Archives Canada

Titre: Les requins-bouledogues / Julie K. Lundgren ; texte français d'Annie Evearts.
Autres titres: Bull sharks. Français.
Noms: Lundgren, Julie K., auteur.
Description: Mention de collection: Dossiers sur les requins | Les jeunes plantes de Crabtree | Traduction de : Bull sharks. | Comprend un index.
Identifiants: Canadiana (livre imprimé) 20210284544 | Canadiana (livre numérique) 20210284579 | ISBN 9781039609624 (couverture souple) | ISBN 9781039609686 (HTML) | ISBN 9781039609747 (EPUB)
Vedettes-matière: RVM: Requin bouledogue—Ouvrages pour la jeunesse. | RVMGF: Documents pour la jeunesse.
Classification: LCC QL638.95.C3 L86214 2022 | CDD j597.3/4—dc23

Esta cola se enrosca.

mancha

Esta cola tiene manchas.

anillo

Esta cola tiene anillos.

mechón

Esta cola tiene un mechón.

Esta cola es de muchos colores.

escama

Esta cola tiene escamas.

¡REPASEMOS!

¿Cómo es esta cola?

ÍNDICE